AF267972

NOTICE BIOGRAPHIQUE

SUR

MGR ROCH ÉTIENNE DE VICHY

ANCIEN ÉVÊQUE D'AUTUN
PAIR DE FRANCE ET CONSEILLER D'ÉTAT

PAR

L'ABBÉ A. DE LA ROQUE

CHANOINE ET VICAIRE GÉNÉRAL D'AUTUN,
CHEVALIER DE LA LÉGION D'HONNEUR

Placuit Deo et hominibus.
Il plaisait également à Dieu et aux hommes.

MACHAB.

PARIS
TYPOGRAPHIE DE HENRI PLON
IMPRIMEUR DE L'EMPEREUR
RUE GARANCIÈRE, 8

1869

NOTICE BIOGRAPHIQUE

SUR

MGR ROCH-ÉTIENNE DE VICHY

ANCIEN ÉVÊQUE D'AUTUN,
PAIR DE FRANCE ET CONSEILLER D'ÉTAT.

Mgr Roch-Étienne de Vichy, évêque d'Autun, comte et pair de France, conseiller d'État, décédé à Paris le 3 avril 1829, était né le 7 juillet 1753 à Paulhaguet, en Velay, d'une famille ancienne et distinguée originaire du Bourbonnais (1). Ses parents lui firent embrasser de bonne heure la carrière des armes, que tous ses ancêtres avaient suivie et dans laquelle plusieurs s'étaient signalés (2). Il

---

(1) La maison de Vichy, d'ancienne chevalerie du Bourbonnais, tenait rang parmi les barons de cette province dès le milieu du onzième siècle. Elle a pris son nom de la ville et châtellenie de Vichy, située sur les confins de la basse Auvergne et devenue célèbre par ses eaux minérales. Les différentes branches de la maison de Vichy étaient répandues en Auvergne, en Bourbonnais et en Bourgogne. Mais partout elles ont occupé un rang élevé et formé de nobles alliances. Ce dernier point se justifie par le nom des maisons de Levis, Pontgibaud, Busseul, Simiane, d'Albon, d'Amanzé, Polignac, Langeac, Lastic, Thélis, etc., qui, à diverses époques, ont uni leur écusson à celui de Vichy.

Armes de la maison de Vichy : *de vair de quatre tires.* Supports : *un griffon et un sauvage.* Couronne de comte.

(2) Pierre de Vichy, écuyer de Philippe-Auguste, se distingua à la bataille de Bouvines. Damas de Vichy, de la même famille, accompagna le roi saint Louis dans sa première croisade en Égypte, en 1248. Ce prince, pour le récompenser de ses services, lui fit don de la seigneurie de Ligny, ainsi qu'il est rapporté dans les lettres d'é-

débuta d'abord comme sous-lieutenant dans le régiment de *Picardie*, infanterie, et devint ensuite lieutenant au même corps (1). Le régiment de Picardie se trouvait en garnison en Corse lorsque des troubles sérieux éclatèrent, en 1775, dans cette île devenue depuis peu française et encore imparfaitement soumise ; M. de Vichy donna à cette occasion des preuves de fermeté et de brillant courage dont ses anciens compagnons d'armes rappelaient longtemps après le souvenir. Mais au bout de quelques années, se sentant plus de vocation pour l'état ecclésiastique que pour la noble profession qui avait honoré sa jeunesse, il la quitta et entra au séminaire vers la fin de 1778. Il fit ses études théologiques à Paris, dans une des maisons dirigées alors par MM. de la Compagnie de Saint-Sulpice, ces maîtres vénérables que depuis plus de deux siè-

---

rection du comté de Champrond, en 1644. Claude de Vichy, fils de Damas, était un des généraux de Philippe le Bel, et il signala sa bravoure dans plusieurs rencontres, entre autres à la bataille de Mons-en-Puelle. La famille de Vichy a fourni, en outre, et surtout dans les deux derniers siècles, un grand nombre d'officiers généraux, ainsi que de chanoines comtes de Lyon et de Brioude.

On ne cite qu'à titre de célébrité du dix-huitième siècle Marie de Vichy, marquise du Deffand, connue par ses relations avec les beaux esprits de son temps.

M. de Vichy, évêque d'Autun, eut pour père Gilbert Barthélemy, comte de Vichy, capitaine au régiment de Poitou, chevalier de Saint-Louis ; et pour mère, N... de Surrel de Monchamp. Cette dernière était fille de N... de Surrel de Monchamp, officier au régiment de Brissac, cavalerie, et de Marianne-Catherine de la Roque.

(1) Voici ses états de service, tels qu'ils existent encore au ministère de la guerre :

Roch-Étienne de Vichy, né le 7 juillet 1753 à Paulhaguet (Haute-Loire), sacré évêque d'Autun le 28 octobre 1819, avait servi dans le régiment d'infanterie de Picardie; sous-lieutenant le 8 mars 1772, lieutenant le 28 août 1778 ; il abandonna le service en 1778.

(Renseignement communiqué par le ministère de la guerre en février 1869.)

cles de nombreuses générations du clergé de France en-
tourent de leur affection et de leur respect.

M. de Vichy reçut successivement tous les ordres dans
cette sainte maison, et peu de temps après sa promotion
au sacerdoce, il fut nommé abbé commendataire de Saint-
Ferme, au diocèse de Bazas et aumônier de la reine,
Marie-Antoinette. Cette princesse, dont on connaît l'in-
comparable bonté pour ceux qui étaient attachés à son service, le traitait avec une bienveillance particulière et l'admit
même à l'honneur de faire partie de son cercle privé,
faveur très-enviée. L'abbé de Vichy ne se montra pas,
comme tant d'autres, ingrat envers sa bienfaitrice; il con-
serva toute sa vie pour elle et pour son auguste famille un
attachement qui était un véritable culte. Après trente ans
passés, ses sentiments n'avaient rien perdu de leur viva-
cité, ni ses regrets de leur amertume. Il ne parlait jamais
des infortunes de cette innocente et royale victime sans
que des larmes involontaires vinssent trahir sa profonde
émotion et interrompre cette lamentable histoire. Simple
et touchante oraison funèbre, qui honorait à la fois et la
princesse digne de si longs regrets et celui qui se montrait
si fidèle à sa mémoire.

L'abbé de Vichy était auprès de la Reine à l'époque des
premiers attentats commis contre elle et contre les autres
membres de la famille royale. Il partagea tous les dangers
de son infortunée souveraine dans les funestes journées
du 5 et du 6 octobre, et ne s'en sépara qu'à la dernière
extrémité, lorsque l'impossibilité de continuer son service
et de donner des preuves d'un dévouement utile fut bien
avérée. Il se retira alors en pays étranger pour y attendre le
rétablissement de l'ordre, dont il croyait le retour prochain.
Cette douce illusion, qui était aussi partagée par la plupart
de ceux qui fuyaient comme lui cette terre de France, alors

plus agitée que la mer qui baigne ses rivages, le détermina à ne pas s'éloigner beaucoup du théâtre des événements. Il habita successivement la Suisse et différentes parties de l'Allemagne rapprochées de nos frontières.

Mais lorsque la Révolution triomphante menaça d'une invasion prochaine tous les pays limitrophes, l'abbé de Vichy se vit forcé de nouveau de songer à sa sûreté et d'aller demander un asile à des contrées plus lointaines. Il le trouva dans les États de l'électeur de Bavière, Charles Théodore. Ce souverain, qui a mérité la reconnaissance de tant de Français malheureux, et qui était lui-même si Français de cœur, lui accorda d'abord une généreuse hospitalité, suivie bientôt après de son amitié. L'abbé de Vichy fit un touchant usage des bontés de cet excellent prince. Il ne s'en servit que pour adoucir la position d'un grand nombre de familles émigrées dont la détresse était d'autant plus navrante qu'elle leur avait été inconnue jusqu'alors. Il ne se lassait pas de solliciter sans cesse de nouveaux secours pour ses chers compatriotes, et Charles Théodore, qui ne pouvait s'empêcher de lui savoir gré d'une insistance dont le motif pur et désintéressé lui était bien connu, ne mettait de son côté aucune borne à ses générosités. C'est ainsi qu'il passa à la cour de l'électeur de Bavière près de dix années qu'on serait tenté d'appeler des années heureuses s'il avait pu oublier et le passé si douloureux et la terre natale toujours si chère aux exilés (1).

(1) Le frère de l'abbé de Vichy, le comte de Vichy, capitaine au régiment de la Fère, se réfugia comme lui en Bavière et s'y fixa même tout à fait. Il obtint aussi la faveur des souverains de cet État, et devint chambellan et officier supérieur des gardes du roi Maximilien, neveu et successeur de Charles Théodore. Le comte de Vichy mourut avant son frère, sans laisser de postérité.

L'abbé de Vichy avait encore une sœur, ancienne religieuse de l'ordre de Fontevrault, à laquelle il a également survécu.

Lorsque l'ordre et le calme commencèrent à renaître en France, l'abbé de Vichy rentra dans sa patrie et se fixa à Paris, où il se livrait à la pratique des devoirs de son état, auquel il avait été fidèle dans tous les temps. Il y joignit, comme délassement, le commerce de quelques amis d'élite, restes de ses anciennes relations et de cette vieille société française dont il savait si bien reproduire les manières nobles et gracieuses, sans jamais déroger à la gravité de l'homme consacré à Dieu. Ici, il serait facile de placer des noms illustres à divers titres, car les plus flatteuses amitiés ne lui manquèrent pas, et il ne les dut qu'aux rares qualités de son cœur.

Celui que la fatalité antique aurait appelé l'homme du destin occupait alors la place qu'une horrible tragédie avait laissée vide sur le trône de France. Il songeait à se composer une cour sur le modèle de celle de nos anciens souverains, et l'idée vint de comprendre dans l'organisation de la Chapelle l'abbé de Vichy, qui connaissait si bien les traditions du passé. Mais l'aumônier de Marie-Antoinette, de cette reine martyre, aurait craint de profaner le sentiment presque religieux qu'il avait conservé pour ses anciens maîtres en s'attachant à de nouveaux. Il refusa donc avec une respectueuse persévérance toutes les propositions de ce genre qui lui furent adressées. Plus tard il renouvela ses refus avec fermeté lorsque le même gouvernement voulut l'élever à l'épiscopat : son heure n'était pas encore venue.

Enfin arrivèrent les temps marqués par la Providence pour le retour, hélas! de trop courte durée, des princes qui possédaient toutes ses affections. L'abbé de Vichy sembla renaître à une nouvelle vie ; il put alors donner un libre cours à des sentiments qui, longtemps contenus, n'en avaient que plus d'ardeur. Il put, dans cette heureuse ignorance de l'avenir, qui est un bienfait pour l'humanité, s'enchanter de l'espérance que l'ère des révolutions était à jamais fermée : espérance bien trompeuse, il faut en convenir.

Quoi qu'il en soit, la noble famille pour laquelle il avait subi tant d'épreuves n'avait pas perdu le souvenir de son dévouement au jour de l'infortune, aussi en reçut-il l'accueil que méritait sa fidélité. On se proposait même de lui rendre son ancien titre d'aumônier, en l'attachant toutefois à la personne du Roi, en récompense de ses services passés. Mais, insensible aux avantages flatteurs qui lui étaient réservés, il demanda avec instance et comme une précieuse faveur d'être compris dans la maison de madame la duchesse d'Angoulême, heureux d'accepter une position inférieure qui lui permettait de reprendre auprès de cette princesse (1) les fonctions qu'il avait remplies, non sans danger, auprès de la Reine sa mère.

M. de Vichy fut nommé à l'évêché de Soissons en 1817, et institué dans le consistoire du 1er octobre de la même année ; mais l'exécution du Concordat rencontra des difficultés imprévues par suite desquelles il ne prit point possession de ce siége. M. Leblanc de Beaulieu, qui en était titulaire, avait été aussi, de son côté, promu à l'archevêché d'Arles. Cette antique métropole, illustrée par les souvenirs de saint Césaire et le martyre de son dernier pasteur, M. du Lau, n'ayant pas été rétablie, M. de Beaulieu dut reprendre le gouvernement de l'Église de

____

(1) De son côté, la princesse manifestait en toute occasion ses sentiments d'attachement et d'affectueuse estime pour M. de Vichy. A son second passage à Autun, en 1830, madame la Dauphine sachant que celui qui écrit ces lignes était parent de ce prélat, dont on déplorait alors la perte encore récente, voulut bien lui faire entendre la touchante expression de ses regrets personnels pour cet ancien et si fidèle serviteur.

Soissons, en vertu des modifications que le Concordat de 1817 avait subies. Toutefois, M. de Vichy ne fut pas long-temps sans obtenir une digne compensation. Peu après, en effet, le roi Louis XVIII l'appela, de son propre mou-vement, à l'évêché d'Autun, qui venait de vaquer par la mort de M. Imberties, vieillard vénérable, dont les infir-mités paralysaient depuis longtemps le zèle. Il fut sacré en cette qualité, à Saint-Sulpice, le 28 octobre 1819.

Quatre ans plus tard, le 23 décembre 1823, le même souverain éleva M. de Vichy à la dignité de pair de France, et quelques mois après il le nomma conseiller d'État en service extraordinaire, avec autorisation de participer aux délibérations du conseil. Parmi ceux qui vivaient alors dans l'intimité de ce prélat modeste, il en est que la mort a épargnés, et ils se rappellent encore la joie naïve qu'il laissa éclater à la nouvelle si inattendue de ces faveurs royales qu'il n'avait ni demandées ni désirées. Cette joie ne provenait pas du nouveau degré d'honneur et de consi-dération qui allait s'attacher à sa personne ; mais, comme il le disait lui-même avec une admirable candeur, elle pre-nait sa source dans la pensée qu'il aurait à l'avenir plus de moyens d'être utile à son diocèse et de multiplier, en un mot, le nombre des heureux. Tous ceux qui l'ont connu savent que ce fut sa seule ambition et l'unique emploi du crédit fort étendu dont il était en possession, grâce aux vives sympathies qu'il avait le don d'inspirer. Ni difficultés ni refus ne le décourageaient lorsqu'il s'agissait d'obliger, et la bonne grâce qu'il mettait à se charger des affaires d'autrui relevait encore le mérite de démarches toujours douces, il est vrai, à son cœur, mais que son âge avancé lui rendait souvent très-pénibles. Cet empressement à obliger était si connu, que plus d'une fois, il faut bien le dire, on s'en est prévalu pour lui adresser des demandes que la discrétion n'avait pas dictées ; il les accueillait cependant avec la plus charitable indulgence.

Ce qu'on a raconté des antécédents de M. de Vichy, de la faveur dont il jouissait, pourrait donner lieu de supposer qu'en politique il professait des idées absolues et exclusives. Oui, elles l'étaient, en effet, en théorie ; rien de plus ferme que ses principes, de plus inébranlable que ses convictions ; mais c'est aussi en ces matières que s'exerçait toute son indulgence pratique. Nul ne comprenait mieux que lui les temps troublés que nous traversons, entre un passé évanoui et un avenir dont les horizons ne sont pas encore visibles. Il tenait compte de ces divergences dans l'appréciation des choses humaines, que tant de causes expliquent et excusent à la suite d'une révolution comme la nôtre : divergences qui se concilient souvent avec la plus grande honorabilité personnelle, et même avec les principes religieux les plus arrêtés. M. de Vichy savait, d'ailleurs, qu'il était le représentant d'intérêts placés bien au-dessus des opinions changeantes du temps, et qu'il se devait à tous. Aussi à tous, sans distinction de symbole politique ou de classe, son cœur et ses bras étaient-ils toujours ouverts, de même qu'il entendait que l'Église restât fermée à ces irritantes questions qui divisent inutilement les hommes. Les partis, qui sont souvent injustes parce qu'ils se croient persécutés, n'élevèrent pas la moindre plainte contre un évêque qui n'usait à leur égard que des seules armes de la prière, et jamais il n'en avait conseillé d'autres à son clergé. Et s'il fallait emprunter à l'antiquité profane un souvenir plein d'à-propos, c'est bien aussi dans la bouche du digne prélat qu'on pourrait placer cette parole que Plutarque, écrivant la *Vie* d'Alcibiade, fait dire à un de ses personnages : *Qu'il avait pour mission de bénir et non de maudire les hommes* (chap. XXXII).

Depuis sa consécration à l'épiscopat, M. de Vichy, malgré le poids des années, s'était acquitté avec une activité que semble seule donner la jeunesse des devoirs si multipliés attachés à cette haute et redoutable dignité. Un grand nombre d'établissements qu'il a fondés ou restaurés attestent à la fois son amour pour la religion et sa pieuse libéralité. La célèbre maison de Paray-le-Monial, de l'ordre de la Visitation, lui doit son rétablissement dans les mêmes lieux qu'elle occupait avant la Révolution. Charles X (1), qui le distinguait particulièrement, et tous les membres de la famille royale voulurent bien, à sa sollicitation, concourir au rachat de l'ancien monastère. On sait que c'est dans cette maison que la dévotion au *sacré-Cœur* a pris naissance, il y a deux siècles. On y conserve encore les précieux restes de la *vénérable* Marguerite-Marie Alacoque, dont Dieu se servit pour répandre dans tout l'univers catholique ce culte touchant, qui y règne aujourd'hui avec tant d'éclat. M. de Vichy sollicitait depuis plusieurs années la béatification de cette sainte religieuse, lorsque la mort l'a surpris.

L'introduction de cette intéressante cause à Rome avait

(1) L'anecdote suivante, relative à ce prince, n'est peut-être pas sans intérêt. M. de Vichy, se trouvant un jour au Château avec deux autres de ses collègues dans l'épiscopat, Charles X prit plaisir à leur raconter familièrement les particularités de sa rentrée en France, en 1814. Bernadotte, leur disait-il, se montrait très-empressé auprès de lui, et surtout prodigue de conseils, prétendant qu'un prince absent depuis vingt-cinq ans ne devait plus connaître cette France nouvelle si différente de l'ancienne. Enfin, Bernadotte termina ses conseils par la phrase suivante : « *Les Français veulent être gouvernés avec une main de fer et un gant de velours.* » Charles X lui laissa naturellement la responsabilité de cette opinion ; mais ce qui l'amusait beaucoup, c'était l'accent fortement gascon du roi de Suède, alors prince royal, qu'il cherchait à imiter en répétant plusieurs fois cette phrase, et surtout le dernier membre, *un gant dé vélours.*

été vraiment la grande affaire de son cœur, et il la regardait comme l'honneur de son diocèse ; tous les soins qui s'y rattachent sont échus après lui à ses successeurs. L'un d'eux, Mgr de Marguerye, qui occupe dignement aujourd'hui le siége d'Autun, a eu la joie d'obtenir enfin du Saint-Siége un premier jugement en faveur de la sainteté de l'humble religieuse de Paray. Il sera sans doute bientôt suivi des honneurs de la canonisation, qui compléteront la glorieuse auréole de cette grande âme, si merveilleusement éclairée d'en haut. Entre les deux vénérables évêques qui ont pris une part directe et active à cette belle œuvre, il y a désormais un lien d'autant plus étroit que ce n'est pas le seul rapport qui existe entre eux. Quoi qu'il en soit, les populations éminemment croyantes du Charolais conserveront un long souvenir des fêtes dont Paray-le-Monial a été témoin il y a quatre ans à l'occasion de la béatification de la bienheureuse Marguerite-Marie Alacoque. Ce nom modeste, porté par une humble religieuse et devenu désormais un ornement de nos autels, ne mourra plus. Tel est le glorieux privilége des héros de la religion, bien différents de ceux auxquels le monde promet une immortalité qui s'évanouit promptement au souffle du temps.

La Fondatrice de la dévotion au sacré Cœur sert de transition toute naturelle pour parler de ces pieuses dames, qui ont voulu que le nom donné à leur ordre fût l'expression de leur amour pour cette dévotion. Le bel établissement qu'elles ont possédé à Autun était dû au zèle de M. de Vichy, qui se réjouissait de le voir prospérer sous une habile direction. Dans le désir d'en accroître de plus en plus la prospérité et de l'affermir sur ses bases encore nouvelles, il lui avait ménagé l'appui d'une puissante princesse. En effet, par ses soins, madame la Dauphine avait bien voulu se déclarer protectrice de ce couvent du Sacré-Cœur d'Autun, dont la disparition a laissé un vide et des regrets que le temps n'a pas diminués.

L'agrandissement du séminaire diocésain, qui en fait aujourd'hui un des plus beaux de France ; l'établissement de prêtres auxiliaires, destinés à porter les secours de la religion dans les paroisses vacantes et partout où leur concours est réclamé ; celui d'un second petit séminaire, déposent encore en faveur du zèle et de la libéralité du pieux évêque.

On pourrait citer beaucoup d'autres créations utiles qu'il a faites dans l'intérêt du diocèse en général, ou de certaines localités en particulier. Et s'il fallait à présent passer des choses aux personnes, pourquoi taire que c'est à son judicieux intérêt que l'Église doit une de ses plus belles lumières, S. Ém. le cardinal Pitra, dont il protégea les premiers pas? Depuis ce temps, quarante années se sont écoulées, tout l'espace d'une vie d'homme, et sa mémoire ne se flétrit pas. Les vétérans du clergé, aujourd'hui rares témoins de cette époque éloignée, se plaisent encore à parler à leurs jeunes successeurs du cœur tendre et paternel de leur ancien évêque, de son administration si sage et si juste, de la bonté et de la longanimité qui en tempéraient toujours la fermeté quelquefois nécessaire. De leur côté, ceux qui sont entrés longtemps après dans la carrière peuvent répondre à leurs devanciers qu'ils admettent d'autant plus volontiers la fidélité du tableau qu'ils tracent du passé, qu'il s'applique avec une grande vérité au présent.

Mais en dehors de son diocèse, les manières sympathiques de M. de Vichy exerçaient la même séduction. Bien des hommes éminents qui se fussent peut-être laissé difficilement subjuguer par les qualités de l'esprit cédaient à celles de son cœur. De ce nombre était le cardi-

nal de Bausset, l'élégant historien de Bossuet et de
Fénelon ; une lettre *inédite* de lui va nous en fournir la
preuve tout en offrant quelque intérêt local :

« Paris, le 31 décembre 1822.

» On ne peut être plus touché que je le suis, mon cher
» seigneur, de vos vœux et de votre intérêt. Vous m'y
» avez accoutumé depuis longtemps, et vous m'avez ap-
» pris depuis longtemps à apprécier le charme de vos qua-
» lités douces, simples et naturelles. Vous en recevez la
» récompense dans tout le bien que vous ne cessez de faire,
» avec l'assentiment général, par le seul despotisme de la
» douceur de votre caractère et par la bienveillance que
» vous inspirez à tous ceux avec qui vous avez à traiter.
» J'ose vous répondre du concours empressé que vous
» trouverez de la part du nouveau préfet de Nevers, tant
» que la Nièvre sera de votre diocèse. On croit, en effet,
» que les vingt-six évêchés seront nommés avant l'ouver-
» ture de la session, et cela me parait très-vraisemblable.
» Je plains bien sincèrement votre pauvre abbé Maury
» d'avoir à lutter en ce moment contre une violente atta-
» que de goutte ; *non ignara mali, miseris succurrere disco.*
» J'étais moi-même à la fin d'une douloureuse attaque
» lorsque votre lettre m'est arrivée. Elle avait débuté avec
» beaucoup de fureur ; elle s'est fort adoucie depuis une
» quinzaine de jours, mais elle me laisse toujours beau-
» coup d'enflure aux pieds et aux genoux. Vous savez
» d'ailleurs que, même sans attaque, j'ai perdu entière-
» ment pour le reste de ma vie la faculté de marcher.
» Vous ne me dites pas, mon cher seigneur, si c'est une
» nouvelle et triste connaissance que l'abbé Maury vient
» de faire, ou si ce n'est qu'un renouvellement de souf-

» frances. Dites-lui que, dans tous les cas, je le plains de
» tout mon cœur. Son attachement à M. de Fontanges (1),
» à qui j'étais moi-même si attaché, me donne le droit de
» m'associer à tout ce qui l'intéresse.

» Adieu, mon cher évêque ; croyez que, tant que j'exis-
» terai j'aimerai à jouir de vos travaux, de vos succès et
» de vos consolations. Permettez-moi de vous renouveler
» l'expression de mon tendre respect et du plus inviolable
» attachement.

» Le cardinal DE BAUSSET. »

Quoique M. de Vichy appartînt par sa naissance, ses
relations et ses dignités au monde le plus élevé, ou peut-
être à cause de cela, ses manières étaient simples, naturelles et cordiales. Un esprit éminent et délicat a dit, avec
justesse et bonheur, que *la politesse est la fleur de la charité*.
Jamais définition ne s'appliqua mieux que celle-là à la politesse que pratiquait si bien M. de Vichy ; on voyait aus-
sitôt qu'elle n'avait rien de commun avec ces formules
froides et banales consacrées par l'usage, et auxquelles le
cœur reste étranger. Elle s'inspirait visiblement aux
sources de la Charité, qui seule permet d'être toujours
poli, toujours bienveillant dans les circonstances si va-
riées de la vie. Pour faciliter aux autres la pratique de
cette vertu, la première de toutes, il aimait à réunir à sa
table des hommes de positions diverses, mais recomman-
dables à différents titres, parce qu'il savait que là les
cœurs sont plus disposés à s'ouvrir. Il espérait par ces

(1) François de Fontanges, ancien archevêque de Bourges et de
Toulouse, nommé archevêque-évêque d'Autun depuis le Concordat.
Il mourut victime de sa charité en soignant des prisonniers espa-
gnols atteints du typhus. C'est ainsi qu'il acquitta sa dette de reconnaissance envers l'Espagne, qui lui avait donné asile pendant les
plus mauvais jours de la Révolution.

contacts faire tomber les fâcheuses barrières qui séparent tant de personnes honorables qui n'auraient qu'à se connaitre pour s'estimer. Car la plupart des préventions, conçues le plus souvent sans motifs sérieux, se dissipent presque toujours lorsque nous voyons de près et tels qu'ils sont, c'est-à-dire si semblables à nous-mêmes, les hommes qui en sont l'objet. La distance nous les avait représentés sous un trompeur aspect, une vue rapprochée nous les montre dans leur vrai jour, avec cet inévitable mélange de bien et de mal inhérent au limon dont nous sommes tous pétris. M. de Vichy croyait, de plus, que ce fractionnement de la société en neutralisait les forces vives, et que par conséquent il était un obstacle à la réalisation de beaucoup d'œuvres utiles.

Le récit qu'on a donné des dix années si fécondes de l'épiscopat de M. de Vichy serait incomplet, si au bien qu'il a accompli pendant sa vie on ne joignait celui qu'il se proposait de perpétuer en quelque sorte après sa mort. Un vice de forme n'a malheureusement pas permis que ses religieuses intentions fussent réalisées, mais il en a cependant tout le mérite devant Dieu, qui les lui avait inspirées. Rien de plus édifiant que son testament; cet acte de ses dernières volontés ne contient en effet que des dispositions pieuses ou charitables. Les pauvres, le séminaire diocésain, la cathédrale, plusieurs hôpitaux, des paroisses reculées où l'instruction religieuse manquait, ont occupé sa tendre sollicitude dans ses derniers moments. Une seule disposition le concernait : il demandait que tout respirât la simplicité et la modestie dans ses funérailles, et que ses restes mortels fussent rendus à sa ville épiscopale. Ce vœu de son cœur a été rempli; le bon pasteur repose, comme il l'a désiré, au milieu de son troupeau. Les dépouilles de ce prélat, alors si regretté, ont été peu de temps après sa mort ramenées à Autun. Le clergé, les autorités civiles et le peuple de la génération au sein de laquelle il avait vécu, les reçurent avec les honneurs et la tendre vénération dus au rang qu'il occupait naguère et au souvenir de ses vertus aimables.

On ne doit pas omettre, en terminant cette notice, l'hommage qui fut rendu à la mémoire du vénérable évêque sur un autre point. M. de Villèle, archevêque de Bourges, après avoir rapidement esquissé la vie de M. de Vichy dans le discours d'usage prononcé devant la Chambre des pairs, le 25 mai 1829, ajoutait ces paroles, qui sont comme la consécration de tout ce qu'on vient de dire :

« Tout entier aux devoirs de son état, doué d'une acti-
» vité naturelle à laquelle son cœur donnait sans cesse un
» nouvel aliment, d'un zèle que les obstacles et les diffi-
» cultés ne rebutaient jamais, l'évêque d'Autun a fait un
» bien immense dans son diocèse. Il a été le fondateur ou
» le soutien d'un grand nombre d'établissements. C'est
» aux pauvres qu'il a soulagés, aux malheureux qu'il a
» consolés, au clergé dont il était le père, à raconter ses
» bienfaits. La vertu la plus douce, la plus aimable, des
» manières pleines de grâce et d'affabilité, un désir d'obli-
» ger qui prenait sa source dans un cœur bienfaisant, et
» qui s'étendait à toute sorte de personnes, telles étaient
» les qualités qui le faisaient chérir de Dieu et des
» hommes. »

M. de Vichy succomba aux atteintes d'une hydropisie de poitrine, le 3 avril 1829, comme on l'a dit en commençant, et pendant la session de la Chambre des pairs.

Ainsi sa mort ne précéda que de peu de temps une date bien fatale pour un cœur aussi loyal et aussi dévoué que le sien. Le Ciel, dans sa bonté, ne voulut pas sans doute le rendre témoin de la ruine de l'antique dynastie à laquelle

il avait depuis le commencement de sa carrière lié sa desti-
née. On a dit souvent depuis, et non sans vraisemblance,
qu'il n'eût pas résisté à ce coup, que le spectacle presque
sans exemple dans l'histoire de ces royales infortunes eût
abrégé sa vie. Dans ce cas, sa mort a été un bienfait, car
au lieu d'être abreuvée de la plus douloureuse amertume,
elle fut calme et sereine comme celle du juste.

PARIS. TYPOGRAPHIE DE HENRI PLON, IMPRIMEUR DE L'EMPEREUR
RUE GARANCIÈRE, 8.